BEI GRIN MACHT SICH IHR
WISSEN BEZAHLT

Erarbeitung eines Ausdauertrainingsplans zur Gewichtsreduktion, Blutdrucksenkung und Absenkung der Ruheherzfrequenz

Richard Heindl

Bibliografische Information der Deutschen Nationalbibliothek:

Die Deutsche Nationalbibliothek verzeichnet diese Publikation in der Deutschen Nationalbibliografie; detaillierte bibliografische Daten sind im Internet über http://dnb.d-nb.de abrufbar.

ISBN: 9783346570802
Dieses Buch ist auch als E-Book erhältlich.

© GRIN Publishing GmbH
Nymphenburger Straße 86
80636 München

Druck und Bindung: Books on Demand GmbH, Norderstedt Germany
Gedruckt auf säurefreiem Papier aus verantwortungsvollen Quellen

Das Buch bei GRIN: https://www.grin.com/document/1162283

Deutsche Hochschule für
Prävention und Gesundheitsmanagement

Einsendeaufgabe

Fachmodul:	Trainingslehre II
Studiengang:	Bachelor of Arts - Gesundheitsmanagement
Datum Präsenzphase:	12-14.11.2018
Name, Vorname:	Heindl, Richard
Studienort:	**München**
Semester:	**WS 2017**

Inhaltsverzeichnis

1 Einleitung und Diagnose

Bereits 1988 schätzte Dishman (S. 52), dass in Nordamerika, Europa und Australien 30-60% der Bevölkerung als „viel sitzend" beschrieben werden können und sich weniger als drei Mal pro Woche sportlich betätigen.

Die Vermutung, dass körperliche Aktivität auch heute noch immer nicht den nötigen Stellenwert im Bewusstsein der Menschen hat, wird von der „Studie zur Gesundheit Erwachsener in Deutschland", aus dem Jahr 2013 bestätigt, im Rahmen derer zwei Drittel aller Befragten angaben, nicht auf ausreichende körperliche Aktivität zu achten (Krug et. al, 2013, S. 767).

Dies ist insofern problematisch, da Beschwerdebilder wie beispielsweise Übergewicht, Bluthochdruck, Fettstoffwechselstörungen und Diabetes Mellitus als Folgen dieses Aktivitätsrückgangs angesehen werden und wiederum als bedeutende Risikofaktoren bei der Entstehung von Erkrankungen des Herz-Kreislauf-Systems gelten (Wirth, 2004, S. 1745-1752; Muster & Zielinski, 2006, S. 7). Gabriel, Wick & Puta (2006, S. 35) konnten zudem einen signifikanten Zusammenhang zwischen dem wöchentlichen Kalorienumsatz und dem Risiko einer koronaren Herzerkrankung belegen.

In Anbetracht der bisherigen Ausführungen können die Zahlen des statistischen Bundesamtes von 2015, laut denen mehr als ein Dritter aller Todesfälle in Deutschland auf Erkrankungen des Herz-Kreislauf-Systems zurückzuführen waren (Destatis, 2015), nur als weitere Bestätigung angesehen werden. Neben dem gesundheitlichen-, spielt in diesem Zusammenhang auch der wirtschaftliche Aspekt eine große Rolle für die ganze Bundesrepublik. So wurden 2016 im Gesundheitssektor 374,2 Milliarden Euro ausgegeben, was einem Anstieg zum Vorjahr von 3,8% und einem Anteil am BIP von 11,3% entsprach (Destatis, 2015)

Ein wichtiger Faktor in der Primär- sowie Sekundär- und Tertiärprävention der bereits erwähnten Krankheiten ist die bereits erwähnte körperliche Aktivität. Regelmäßig ausgeführt kann sie das Erkrankungsrisiko sowie die Behandlung von beispielsweise koronaren Herzkrankheiten, Bluthochdruck, Adipositas oder Diabetes mellitus Typ II positiv beeinflussen (Mensink, 2003, S. 3)

So belegen Gabriel et al. (2006, S. 34) dass ein erhöhter Kalorienumsatz das Risiko eines Herzinfarktes senken kann.

Es stellt sich also die Frage nach einer geeigneten Methode, den Kalorienverbrauch nachhaltig zu steigern. Muster & Zielinski (2006, S.4-8) betonten diesbezüglich den Stellenwert eines regelmäßig durchgeführten Ausdauertrainings.

Vor diesem Hintergrund soll in der nun folgenden Arbeit ein auf aktuellen wissenschaftlichen Methoden und Erkenntnissen basierender Ausdauertrainingsplan erarbeitet werden.

1.1 Allgemeine und biometrische Daten

Zintl & Eisenhut (2009, S. 11) definieren Training als planmäßigen Prozess, der eine Zustandsänderung der sportlichen Leistungsfähigkeit mit sich bringt.
Somit erfordert die Gestaltung eines Trainingsplanes im Hinblick auf eine erfolgreiche Trainingssteuerung unter anderem die ausführliche Erhebung des aktuellen Gesundheits- und Leistungszustandes des Klienten. Im Rahmen dieser Arbeit wird ergänzend neben der Erfassung allgemeiner und biometrischer Daten ein Ausdauertest zur Beurteilung des körperlichen Zustandes herangezogen.

Tab. 1: allgemeine und biometrische Daten (eigene Darstellung, 2018)

Name	Dr. Maier, Joseph
Alter	53
Geschlecht	Männlich
Körpergröße (in Cm)	182
Gewicht (in Kg)	105
BMI	31,7
Trainingsmotiv	Verbesserung der Gesundheit auf Anraten des Arztes
Berufliche Tätigkeit	Jurist
Aktuelle sportliche Aktivität	keine
Frühere sportliche Aktivität	2 Mal pro Woche Fußball im Alter von 8-14 Jahre
Zeitlicher Verfügungsrahmen	2-3 Mal pro Woche á 90 Minuten
Blutdruck	138mmHg systolisch/88mmHg diastolisch
Ruhepuls	86 (an drei aufeinanderfolgenden Tagen zuhause direkt nach dem Aufstehen gemessen)
Medikamente	Keine Einnahme von Medikamenten
Sonstige Einschränkungen	Außenbandriss am rechten Knie vor 30 Jahren, ansonsten keinerlei orthopädisch/internistisch relevante Einschränkungen
Kontraindikationen	Keine

1.2 Leistungsdiagnostik/Ausdauertestung

1.2.1 Wahl und Begründung des Ergometertests

Um eine effiziente und zielführende Trainingssteuerung gewährleisten zu können, muss, wie in 1.1 bereits erwähnt, der körperliche Leistungszustand ermittelt werden. Zu diesem Zweck gibt es mittlerweile diverse Testverfahren. Ein Verfahren, das sich über die Jahre etabliert hat, ist die Ergometrie. Löllgen (2009, S. 4) definiert Ergometrie als „die quantitative Messung und Beurteilung der körperlichen Leistungsfähigkeit und Belastbarkeit von Gesunden und Kranken", die unter festgelegter Belastung stattfindet und die Kriterien Reproduzierbarkeit, Dosierbarkeit, Vergleichbarkeit und Objektivität erfüllt. Die hieraus resultierenden Daten dienen dem Trainer als Anhaltspunkt zur Intensitätssteuerung und können nach Durchführung eines Wiederholungstests zum Vergleich sowie zur Erfolgsvisualisierung herangezogen werden und „schaffen die Grundlage für eine Anpassung der Trainingsempfehlungen" (Trunz, 2004, S.1).

Unter Berücksichtigung der biometrischen Daten wird die Ausdauerleistungsfähigkeit von Herrn Maier mit Hilfe des IPN-Tests® ermittelt. Bereits Ende der 1980-er Jahre entwickelt, ermöglicht der IPN-Test® Mittels alters- und geschlechtsbezogener Norm-Soll-Leistungsvorgaben und den darauf resultierenden individuellen Belastungsreaktionen eine genaue Bewertung des Leistungszustandes ohne den Kunden dabei komplett auszubelasten und ermöglicht die Zuweisung eines passenden Belastungsschemas (Trunz, S. 2). Somit erfüllt dieser Test alle soeben genannten Kriterien der Ergometrie und beinhaltet, durch die Korrelation der erbrachten physikalischen Leistung in Watt mit dem Herzfrequenzverhalten unter Belastung, zwei wichtige Parameter der Leistungsdiagnostik (Rost 2002, S. 52).

Als Testgerät wird das Fahrradergometer ausgewählt. Vorteile des Fahrradergometers sind insbesondere die vielfältigen Einstellungsmöglichkeiten bezüglich der Positionierung des Kunden sowie eine exakte Belastungsdosierung in fünf-Watt-Schritten. Somit kann durch eine physiologisch korrekte Einstellung des Testgerätes, dem generell geringen koordinativen Anspruch und der feinen Dosierbarkeit der Belastung das Gesundheitsrisiko minimal gehalten werden, was das Fahrrad, im Hinblick auf Herrn Maiers lange körperliche Inaktivität, zu einem geeigneten Testgerät macht.

Zur Messung der Herzfrequenz werden dem Kunden vom Studio ein Pulsgurt sowie eine Pulsuhr zur Verfügung gestellt.

1.2.2 Durchführung des Ergometertests

Zu Beginn wird Herrn Maier der Sinn und Zweck eines Ergometertests erklärt sowie sämtliche Kontraindikationen, die nicht bereits im Anamnesegespräch besprochen wurden, ausgeschlossen. Weiterhin wird dem Kunden vorab der grobe Ablauf erklärt und besonders auf die speziellen Abbruchkriterien, wie beispielsweise plötzlich auftretende subjektive Beschwerden, ein Engegefühl in der Brust oder Schwindel (Steinacker, Liu & Reißnecker, 2002, S. 228) hingewiesen, mit der Bitte etwaige ungewöhnliche Empfindungen dem Trainer gegenüber zu äußern. Es wurde ebenfalls ausdrücklich darauf hingewiesen, dass der Trainer während der gesamten Testdauer anwesend sein wird.

Zur Durchführung des IPN-Tests® muss vorab eine Voreinstufung des Kunden vorgenommen werden um die Zielherzfrequenz, welche gleichzeitig als natürliches Abbruchkriterium gilt, festzulegen (Trunz, S. 3). Hierfür stellt das IPN eine eigene Normtabelle zur Verfügung.

Tab. 2: Voreinstufung nach Ruheherzfrequenz und Alter (Trunz, 2004, S. 4)

RHF/Alter	< 20	20-29	30-39	40-49	50-59	60-69	≥ 70
< 50	140	132	130	125	115	110	105
50-59	145	140	135	125	120	115	110
60-69	145	145	135	130	125	120	115
70-79	150	145	140	135	130	125	120
80-89	155	150	145	140	135	125	125
≥ 90	160	155	150	145	135	130	125

Da Herr Maier keinerlei Ausdauertraining betreibt können die oben aufgeführten Werte direkt übernommen werden, wodurch sich eine Zielherzfrequenz von 135 Schlägen/Minute ergibt.

Im nächsten Schritt muss das Belastungsschema des Tests ausgewählt werden. Im Hinblick auf die Konstitution des Kunden sowie seine lange körperliche Inaktivität wird das WHO-Verfahren ausgewählt, das sich neben untrainierten Frauen auch für Ältere sowie Übergewichtige eignet und generell als „sanfteres" Belastungsschema bezeichnet werden kann (Trunz, S. 5).

Der Test beginnt mit einer Eingangsbelastung von 25 Watt und steigert sich alle 2 Minuten um jeweils weitere 25 Watt, bei einer Umdrehungsanzahl von 60-80 Umdrehungen pro Minute. Die Herzfrequenz wird den gesamten Testverlauf gemessen und überprüft.

Es ergibt sich folgendes Testprotokoll:

6

Tab. 3 IPN®-Testprotokoll (eigene Darstellung, 2018)

Name: Maier, Joseph	Geschlecht: männlich	Alter: 53	
Gewicht: 102 Kg	Ruhepuls: 86	Blutdruck: mmHg	138/88
Testgerät: Fahrradergometer			
Testform: WHO-Belastungsschema (Rost, 2002, S. 53) • Submaximaler Stufentest • Eingangsbelastung 25 Watt • Belastungssteigerung: 25 Watt • Stufendauer: 2 Minuten • Trittfrequenz: 60-80 U/min • Zielherzfrequenz: 135 S/min • Erfassung der Herzfrequenz: alle 60 Sekunden			

Stufenzahl/Stufendauer (min)	Stufenleistung (Watt)	Hf 1 (S/min)	Hf 2 (S/min)
1/0-2	25	95	104
2/2-4	50	107	110
3/6-8	75	122	126
4/8-10	100	130	133
5/10-12	125	135	140
Watt gesamt	112,5		
Watt/Kg	1,10		

Da Herr Maier die vorab festgelegte Zielherzfrequenz in der 5 Stufe nach einer Minute und somit nach der Hälfte der Zeit erreicht hat, ergibt sich die Watt-Gesamtleistung aus 100% Stufenleistung der Stufe 4 addiert mit 50% der Stufenleistung der Stufe 5.

Somit ergibt sich eine Watt-Gesamtleistung von 112,5 Watt. Dividiert durch das Körpergewicht ergibt sich somit eine relative Watt-Leistung von 1,10 Watt pro kg Körpergewicht.

Gemäß den Werten der Norm-Soll-Tabelle des IPN-Tests® bewegt sich die derzeitige aerobe Leistungsfähigkeit im stark unterdurchschnittlichen Bereich und muss zwingend in der noch folgenden Gestaltung des Mesozyklus berücksichtigt werden.

1.3 Gesundheits- und Leistungsstatus der Person

Anhand der ermittelten Daten kann nun nachfolgend der aktuelle Gesundheits- und Leistungsstatus des Kunden beurteilt werden.

Mit einem BMI von 31,7 wird Herr Maier gemäß den Richtlinien der WHO als adipös eingestuft.

Tab. 4: BMI-Tabelle (modifiziert nach DAG, 2014, S. 15)

	Männlich	Weiblich
Untergewicht	> 20	< 19
Normalgewicht	20-25	19-24
Übergewicht	26-30	25-30
Adipositas	31-40	31-40
Starke Adipositas	< 40	< 40

Gemäß der in Deutschland angewendeten Blutdruck-Normalwert-Tabelle ist Herr Maiers Blutdruck mit 138/88 mmHg als hoch-normal zu bewerten.

Tab. 5: Blutdruck-Normwert-Tabelle (modifiziert nach deutsche Hochdruckliga, 2018)

	Systolisch (mmHg)	Diastolisch (mmHg)
Optimaler Blutdruck	< 120	< 80
Normaler Blutdruck	120-129	80-84
Hoch-normaler Blutdruck	130-139	85-89
Milde Hypertonie (Stufe 1)	140-159	90-99
Mittlere Hypertonie (Stufe 2)	160-179	100-109
Schwere Hypertonie (Stufe 3)	≥ 180	≥ 110

Die Ruheherzfrequenz von 85 Schlägen/Minute liegt etwas über dem Durchschnitt von 60-80 Schlägen/Minute (Sammito et al., 2012, S. 4).

2 Zielsetzung/Prognose

Tab. 6: Zielsetzung (eigene Darstellung, 2018)

	Inhalt	Ausmaß	Zeit
Ziel 1	Gewichtsreduktion	3 Kg	6 Wochen
Ziel 2	Blutdrucksenkung	3-4 mmHg systolisch/1-2 mmHg diastolisch	6 Wochen
Ziel 3	Absenkung der Ruheherzfrequenz	2 Schläge/Minute	6 Wochen

Bezüglich der Zielsetzung ergibt sich die Schwierigkeit einzuschätzen, welches Ausmaß für den Kunden erreichbar ist. Zudem ist die derzeitige Studienlage diesbezüglich noch nicht ausgereift genug. Meist spielen in diesem Zusammenhang zu viele, nicht empirisch adäquat erfassbare Faktoren eine Rolle, deren komplexes Zusammenspiel von der Wissenschaft weder theoretisch verstanden noch empirisch eindeutig bewiesen ist.

Als Konsequenz muss der Trainer auf grobe Erfahrungswerte zurückgreifen und durch regelmäßige Erfolgskontrolle die Wirksamkeit des Trainings überprüfen und gegebenenfalls anpassen.

Herr Maier kommt auf Anraten seines Arztes um seine allgemeine Gesundheit zu verbessern. Er selbst äußert den Wunsch, gesünder durchs Leben gehen zu wollen und wieder mehr Spaß an körperlicher Betätigung zu finden.

Daher wurde zu Beginn des Trainings eine Reduktion des Körpergewichts, Blutdrucks und der Ruheherzfrequenz als Ziel festgelegt.

Wie in 1.1 bereits ausgeführt, wirkt sich ein Ausdauertraining positiv auf ebendiese Parameter aus.

Das Ausmaß der jeweiligen Ziele wurde unter Berücksichtigung der körperlichen sowie mentalen Konstitution des Kunden und der individuellen Erfahrung des Trainers geschätzt, wobei im Hinblick auf die Motivation des Kunden besonderer Wert auf die Erreichbarkeit der Ziele gelegt wurde

3   Trainingsplanung Mesozyklus

Nachfolgend soll, in Bezugnahme auf den in Kapitel 1 ermittelten Gesundheits- und Leistungszustandes sowie die daraus resultierende Zielsetzung aus Kapitel 2, eine Grob- und Feinplanung eines Mesozyklus vorgenommen werden.

3.1   Grobplanung Mesozyklus

Tab. 7: Grobplanung des Mesozyklus (eigene Darstellung, 2018)

Mesozyklus	
Dauer	6 Wochen
Trainingsziel	Regeneration
	Aufbau Grundlagenausdauer I
	Stabilisierung Grundlagenausdauer I
	Aufbau Grundlagenausdauer II
Belastungsumfang/Woche (min)	20-85
Trainingsmethoden	-extensive Dauermethode
	-variable Dauermethode
Trainingsintensität	50-60 % HF_{max} (regenerativ)
	60-75 % HF_{max} (extensiv)
	70-85 % HF_{max} (variabel)
Trainingshäufigkeit/Woche	1-3-mal
Dauer pro TE	-25 min (regenerativ)
	-20-40 min (extensiv)
	-20-30 min (variabel)
Trainingsgerät	Crosstrainer, Fahrrad, Laufband

3.2   Detailplanung Mesozyklus

Da eine maximale Ausbelastung zur Ermittlung der individuellen, maximalen Herzfrequenz von Herrn Maier aufgrund des körperlichen Zustandes nicht möglich war, wurden die nachfolgenden Herzfrequenzwerte anhand der Faustformel zur Berechnung der HF_{max} des American College of Sports Medicine (ACSM, 1998b, S. 975) bestimmt.

Für Crosstrainer und Laufband ergibt sich somit folgende Rechnung:

220 – LA (53 Jahre) = 167 S/Min.

Für das Fahrrad, aufgrund der im Durchschnitt geringeren Muskelbeteiligung:

200 – LA (53 Jahre) = 147 +/- 12 S/Min.

Da dem Trainer die aus einer HF_{max} von 147 resultierenden Herzfrequenzober- und -untergrenzen zu gering erscheinen, wurde weiterhin mit einem Wert von 157 gerechnet.

Um die Übersichtlichkeit der Tabelle zu wahren, wurden folgende Abkürzungen vorgenommen:

GA1 = Grundlagenausdauer 1, GA2 = Grundlagenausdauer 2, REKOM = Regernationsund Kompensationstraining, ext. DM = extensive Dauermethode, var. DM = variable Dauermethode, Crosstr. = Crosstrainer, Stab. = Stabilisierung.

Tab. 8: Detailplanung des Mesozyklus (eigene Darstellung, 2018)

Woche 1	Di			Woche 2	Di	Do	
Ziel	Aufbau GA1			Ziel	Aufbau GA1	Aufbau GA1	
Methode	Ext. DM			Methode	Ext. DM	Ext. DM	
Intensität	65-70% HF_{max}			Intensität	65-70% HF_{max}	60-65% HF_{max}	
HF	109-117			HF	108-117	94-103	
Dauer	20 min			Dauer	20 min	20 min	
Gerät	Crosstr.			Gerät	Crosstr.	Fahrrad	
Woche 3	Di	Do		Woche 4	Di	Do	Sa
Ziel	Aufbau GA1	Aufbau GA1		Ziel	Stab. GA1	Stab. GA1	Stab. GA1
Methode	Ext. DM	Var. DM		Methode	Ext. DM	Var. DM	Ext. DM
Intensität	60-65% HF_{max}	60-65/70-75% HF_{max} [4:4]		Intensität	60-65% HF_{max}	60-65/70-75% HF_{max} [4:4]	65-70% HF_{max}
HF	100-109	94-103/ 109-118		HF	100-109	94-103/ 109-118	102-110
Dauer	30	20		Dauer	30	20	30
Gerät	Crosstr.	Fahrrad		Gerät	Crosstr.	Fahrrad	Fahrrad

Woche 5	Di	Do	Sa	Woche 6	Di	Do	Sa
Ziel	Stab. GA1	Aufbau GA2	REKOM	Ziel	Stab. GA1	Aufbau GA2	REKOM
Methode	Ext. DM	Var. DM	Ext. DM	Methode	Ext. DM	Var. DM	Ext. DM
Intensität	65-70% HF_{max}	70-75/80-85% HF_{max} [4:4]	50-60% HF_{max}	Intensität	65-70% HF_{max}	70-75/80-85% HF_{max} [5:5]	50-60% HF_{max}
HF	109-117	109-118/ 125-133	83-100	HF		109-118/ 125-133	83-100
Dauer	40	20	25	Dauer	30	30	25
Gerät	Crosstr.	Fahrrad	Laufband	Gerät	Crosstr.	Fahrrad	Laufband

3.3 Begründung zum Mesozyklus

3.3.1 Begründung zum angestrebten wöchentlichen Belastungsumfang

Aufgrund der körperlichen Konstitution und Leistungsfähigkeit von Herrn Maier orientiert sich der wöchentliche Belastungsumfang an den Vorgaben eines Gesundheits-Minimalprogramms in Anlehnung an Zintl & Eisenhut (2009). Wirksam bei Personen, „deren Maximalleistung weniger als 2 W/kg ist" (S. 137) ermöglicht es, „mit einem Minimum an Aufwand ein Maximum an gesundheitlich wertvollen Adaptionen zu erreichen" (S. 137).

Empfohlen werden diesbezüglich eine Belastungszeit von 60 Minuten pro Woche, wobei jede Einheit mindestens 10- bis maximal 30 Minuten lang sein sollte, mit einer Herzfrequenz von ca. 130 S/min, bzw. 160 S/min – Lebensalter (S. 137).

Im Hinblick darauf, dass die Effektivität eines Minimalprogramms bei niedrigem Ausgangsniveau erst nach 8-10 Wochen zu erwarten ist (S. 145), hätte ein striktes Befolgen der eben erwähnten Vorgaben einen sehr monotonen Trainingsplan zur Folge.

Dies ist besonders im Hinblick auf die von Dishman (1988, S. 52) festgestellte Abbruchquote von Trainingsprogrammen von bis zu 50% in den ersten drei bis 12 Monaten problematisch. Deshalb wird in dieser Arbeit versucht, den Trainingsplan aus motivational-emotionaler Sicht so variabel wie möglich zu gestalten, ohne dabei wissenschaftliche Trainingsprinzipien zu vernachlässigen.

Somit ergibt sich für Herrn Maier ein Belastungsumfang pro Woche von 20 Minuten in der ersten Woche bis 85 Minuten in der letzten Woche mit einer Intensitätsspanne von

50-85% der HF_{max}. Die Trainingshäufigkeit wurde auf 1-3 mal pro Woche festgelegt um den Kunden langsam an das Training zu gewöhnen.

3.3.2 Begründung zu den Trainingsbereichen und Methoden

Zintl & Eisenhut (2009, S. 45) geben der Grundlagenausdauer „Basischarakter für Gesundheit, Fitness und für die Entwicklung anderer sportmotorischer Fähigkeiten". Das Training der Grundlagenausdauer 1 oder allgemein Grundlagenausdauer findet primär im aeroben Bereich statt und impliziert somit geringe Intensitäten, wodurch es sich optimal für Anfänger eignet. Auch Gabriel, Wick & Puta (2011, S. 53) betonen, dass die gesundheitsförderlichen Anpassungen, welche die Zielsetzung von Herrn Maier erfordert, vor allem im aeroben Bereich erreicht werden.

Als Basismethode für den Aufbau und die Stabilisierung der Grundlagenausdauer gilt die extensive Dauermethode. Sie ist „durch Beanspruchungen im Bereich der aeroben Schwelle und des aerob-anaeroben-Übergangs gekennzeichnet" (Olivier, Marschall & Büsch, 2008, S. 158) und bewirkt unter anderem eine „Ökonomisierung der Herz-Kreislauf-Arbeit, eine Verbesserung der peripheren Durchblutung sowie eine Erweiterung des aeroben Stoffwechsel mit einer Verbesserung der Fettverbrennung" (Zintl & Eisenhut, S. 199). Neumann, Pfützner & Berbalk (2007, S. 141) nennen weiterhin die variable Dauermethode in diesem Zusammenhang und empfehlen bei beiden Methoden eine Herzfrequenz zwischen 60-75% der HF_{max} für das Training der Grundlagenausdauer 1. Hottenrott (2006, S. 64-66) legt zur weiteren Entwicklung und Stabilisierung der Grundlagenausdauer eine Intensität von 70-85% der HF_{max} für die variable Dauermethode nahe, was in dieser Arbeit ebenfalls berücksichtig wurde.

Somit kann mit der variablen Dauermethode, die durch einen systematischen Wechsel zwischen leichten und submaximalen Intensitäten gekennzeichnet ist (Zintl & Eisenhut, S. 120), kann der Trainierende allmählich und schonend an das Training der Grundlagenausdauer 2 herangeführt werden, da hier für einen kurzen Zeitraum höhere Zielherzfrequenzen erreicht werden. Bedeutsame Anpassungen sind diesbezüglich die verbesserte Umstellung zwischen rein aerober und gemischt-aerober Energiebereitstellung sowie eine bessere Laktatkompensation und -elimination (S. 120). Dadurch erhält der Kunde eine stabile Grundlage um in den konsekutiven Trainingsplänen mit höheren Intensitäten arbeiten zu können, was bei Herrn Maier im Hinblick auf sein Gewichtssituation mittel- und langfristig indiziert ist.

Wegen der dadurch gestiegenen wöchentlichen Gesamtbelastung wurde am Ende der Wochen fünf und sechs jeweils eine Regenerations- bzw. Kompensationseinheit zur aktiven Unterstützung der Regeneration implementiert, wodurch gleichzeitig das Prinzip der optimalen Gestaltung von Belastung und Erholung erfüllt wird. Neumann et al. (2007, S. 141) empfehlen dafür die extensive Dauermethode bei niedrigen Intensitäten zwischen 50-60% der HF$_{max}$.

3.3.3   Begründung zur Belastungsprogression

Unter Trainingsbelastung versteht man die „Gesamtheit der auf den Organismus einwirkenden Belastungsreize" (Zintl & Eisenhut, 2009, S. 14). Sie setzt sich zusammen aus den Belastungskomponenten „Intensität", „Dauer", „Dichte", „Umfang" und „Häufigkeit" (S. 15). Neumann et al. (2007, S. 45) stellen weiterhin fest, dass, soll der aktuelle Funktionszustand des Organismus stabil verändert werden, regelmäßige Belastungsreize über einen Zeitraum von 4-6 Wochen auf ihn einwirken müssen.

Durch die Anpassungsfähigkeit des menschlichen Organismus werden Trainingsreize, die zu Beginn des Trainings überschwellig waren, irgendwann unterschwellig und somit reizunwirksam (Zintl & Eisenhut, S. 18).

Dies verdeutlicht die Wichtigkeit einer progressiven Steigerung der soeben aufgeführten Belastungskomponenten im Laufe eines Trainings. Der in diesem Zusammenhang von Zintl & Eisenhut genannte Grundsatz „Häufigkeit vor Umfang vor Intensität" (S. 18, 19) dient als Grundlage der oben dargestellten Mesozyklusplanung.

3.3.4   Begründung der ausgewählten Ausdauergeräte bzw. Bewegungsformen

Wick, Gabriel & Donat (2011, S. 116) betonen die Gefahr der Monotonie eines Ausdauertrainings, weshalb der Wechsel verschiedener Ausdauergeräte aus motivationaler Sicht sinnvoll erscheint. Gleichzeitig kann in Addition an die in 3.3.3 aufgeführten Punkte ein Synergieeffekt erzielt werden, da neben der Variation von Intensität und Umfang auch die Variation der Bewegungsdynamik und Übungsauswahl „einer Abnahme des ergotropen Effekts" entgegenwirken kann (Zintl & Eisenhut, 2009, S. 19).

In den ersten Wochen wird das Training hauptsächlich abwechselnd auf dem Crosstrainer und dem Fahrrad durchgeführt. Beide Geräte zeichnen sich durch eine geringe Gelenkbelastung und einfachem Handling aus. Obwohl der koordinative Anspruch des Crosstrainers etwas höher ist, stellt es doch eine adäquate Variationsmöglichkeit dar.

Das Fahrrad hat Herr Maier bereits im Rahmen der Leistungsdiagnostik kennen gelernt und stellt durch seinen generell geringen koordinativen Anspruch ein geeignetes Gerät für die Trainingseinheiten mit höheren Intensitäten dar.

Für die REKOM-Einheiten wurde das Laufband gewählt, auf dem der Kunde walken wird. Das Walking zeichnet sich aus durch eine einfache, natürliche Bewegungsausführung bei geringer vertikaler Stoßbelastung und damit einhergehend geringer Gelenkbelastung aus (Töpper, 2011, S. 120). In Bezugnahme auf Höltke et al. (2005) betont Töpper (S. 121), dass auch beim Walken der cardio-pulmonale-Trainingseffekt als gesichert gilt und der von der ACSM festgelegte Mindestwert für einen überschwelligen Trainingsreiz von 60% der HF_{max} ohne weiteres schaffbar ist.

Abschließend gewöhnt es den Kunden bereits an den Umgang mit dem Laufband, sodass in späteren Trainingsplänen das Laufen als mögliche Trainingsform in Betracht gezogen werden kann. Da beim Laufen der größte Sauerstoff- und Kalorienverbrauch besteht (Trunz, 2004, S. 13) eignet es sich besonders zum Gewichtsmanagement. Die Indikation diesbezüglich wurde in den vorangegangen Kapiteln bereits erläutert.

4 Literaturrecherche

Studie 1: Effects of aerobic and/or resistance training on body mass and fat mass in overweight or obese adults

Tab. 9: Studie 1 (Willis et al., 2012, S. 1831-1837)

Autoren	Willis, L. H., Slentz, C. A., Bateman, L. A., Shields, A. T., Piner, L. W., Bales, C. W., Houmard, J. A., Kraus, W. E.
Publikationsjahr	2012
Fragestellung	Welche Trainingsform (Ausdauer vs. Krafttraining) eignet sich besser zur Gewichts- und Fettreduktion
Versuchspersonen	119 primär sitzende Übergewichtige oder Adipöse mit einem BMI zwischen 25-35kg/m^2
Versuchsaufbau	119 Teilnehmen wurden randomisiert in 3 Gruppen eingeteilt: Krafttraining (KT), Ausdauertraining (AT) sowie Kraft- und Ausdauertraining kombiniert (KT/AT) und haben acht Monate lang einen bereitgestellten Trainingsplan trainiert. In regelmäßigen Abständen wurden Daten bezüglich totaler Körpermasse, Fettmasse und fettfreier Körpermasse erhoben.
Ergebnisse	Die AT- und KT/AT- Gruppen konnte ihre totale Körpermasse und Fettmasse mehr reduzieren als die KT-Gruppe. KT/AT kombiniert erzielte jedoch keinen Mehreffekt gegenüber AT, benötigt jedoch den doppelten Zeitaufwand. KT und KT/AT konnten die fettfreie Körpermasse stärker erhöhen als AT.
Schlussfolgerung	Wägt man Zeiteinsatz und gesundheitlichen Nutzen gegeneinander ab, scheint AT die zu bevorzugende Trainingsform zu sein, um totale Körpermasse und Körperfett zu reduzieren. KT wird allerdings zum Erhalt und zur Steigerung fettfreier Körpermasse benötigt.

Studie 2: Aerobic exercise alone results in clinically significant weight loss form en and women: Midwest Exercise Trial-2

Tab. 10: Studie 2 (Donelly et al., 2013, S. 219-228)

Autoren	Donelly, J. E., Honas, J. J., Smith, B. K., Mayo, M. S., Gibson, C. A., Sullivan, D. K., Lee, J., Herrmann, S. D., Lambourne, K., Washburn, R. A.
Publikationsjahr	2013
Fragestellung	Wie verhält sich aerobes Training im Hinblick auf eine Gewichtsreduktion bei primär sitzenden Übergewichtigen und Adipösen Männern und Frauen bei unverändertem Essverhalten
Versuchspersonen	141 Übergewichtige oder Adipöse mit einem BMI von 31,0 +/- 4,6 kg/m^2 im Alter von 22,6 +/- 3,9 Jahren.
Versuchsaufbau	Die Teilnehmer wurden im Verhältnis 2:2:1 randomisiert auf drei Gruppen verteilt: Gruppe 1 trainierte einen Trainingsplan mit einem Energieverbrauch von 400kcal/Sitzung, Gruppe 2 mit 600kcal/Sitzung, Gruppe 3 diente als Kontrollgruppe und trainierte nicht. Trainiert wurde 5 Tage die Woche für 10 Monate, wobei jede Sitzung kontrolliert wurde. Die Teilnehmer sollten ihr Essverhalten nicht ändern, sondern nach Belieben steuern. In die Auswertung flossen alle Teilnehmer, die mindestens 90% aller Trainingseinheiten absolviert haben.
Ergebnisse	Die Gruppe mit 400kcal/Sitzung konnte ihr Gewicht um 3,9 +/- 4,9kg reduzieren. Die Gruppe mit 600kcal/Sitzung um 5,2 +/- 5,6. In der Kontrollgruppe wurde eine Gewichtszunahme von 0,5 +/- 3,5kg beobachtet. Ein Unterschied zwischen den Geschlechtern konnte nicht festgestellt werden.
Schlussfolgerung	Kontrollierte Trainingseinheiten resultieren in klinisch signifikanter Gewichtsreduktion ohne Unterschied zwischen den Geschlechtern.

5 Literaturverzeichnis

American College of Sports Medicine. (1998b). The recommended quantity and quality of exercise for developing and maintaining cardiorespiratory and muscular fitness and flexibility in healthy adults. *Medicine and science in sports and exercise*, 30 (6), 975-991.

Deutsche Adipositas-Gesellschaft (DAG) e.v., Deutsche Diabetes Gesellschaft (DDG), Deutsche Gesellschaft für Ernährung (DGE) e. V. & Deutsche Gesellschaft für Ernährungsmedizin (DGEM) e. V. (Hrsg) (2014). *Interdisziplinäre Leitline der Qualität S3 zur "Prävention und Therapie der Adipositas"*. Düsseldorf: Arbeitsgemeinschaft der Wissenschaftlichen Medizinischen Fachgesellschaften e.V.

Deutsche Hochdruckliga e.v. DHL® (2018). *Bluthochdruck wirksam bekämpfen - die zehn häufigsten Fragen zum Bluthochdruck*. Heidelberg: Deutsche Hochdruckliga e. V. DHL® Zugriff am 25.11.2018. Verfügbar unter https://www.hochdruckliga.de/bluthochdruck.html

Dishmann, R. K. (1988). *Exercise Adherence: Its Impact on Public Health*. Champaign: Human Kinetic Books.

Donelly, J. E., Honas, J. J., Smith, B. K., Mayo, M. S., Gibson, C. A., Sullivan, D. K. et al. (2013). Aerobic exercise alone results in clinically significant weight loss for men and women: Midwest exercise trial 2. *Obesity*, E219-E228.

Gabriel, H., Wick, C., & Puta, C. (2006). Komponenten präventiven Gesundheitstrainings - Ausdauer, Kraft, Beweglichkeit, Koordination. In L. Vogt, & A. Neumann (Hrsg.), *Sport in der Prävention* (S. 33-65). Köln: Deutscher Ärzte-Verlag.

Gabriel, H., Wick, C., & Puta, C. (2011). Komponenten präventiven Gesundheitstrainings - Ausdauer, Kraft, Beweglichkeit, Koordination, Sensomotorik. In L. Vogt, & A. Töpper (Hrsg.), *Sport in der Prävention* (S. 51-104). Köln: Deutscher Ärzte-Verlag.

Hottenrott, K. (2006). *Trainingskontrolle mit Herzfrequenz-Messgeräten*. Aachen: Meyer & Meyer.

Krug, S., Jordan, S., Mesink, G. B., Müters, S., Finger, J. D., & Lampert, T. (2013). Körperliche Aktivität - Ergebnisse der Studie zur Gesundheit Erwachsener in Deutschland (DEGS1). *Bundesgesundheitsblatt*.

Löllgen, H. (2009). Definition und Methoden. In H. Löllgen, E. Erdmann, & A. K. Gitt (Hrsg.), *Ergometrie*. Heidelberg: Springer.

Mensink, G. (2003). *Bundes-Gesundheitssurvey: Körperliche Aktivität.* Berlin: Robert Koch-Institut.

Muster, M., & Zielinski, R. (2006). *Beweung und Gesundheit. Gesicherte Effekte von körperlicher Aktivität und Ausdauertraining.* Darmstadt: Steinkopff.

Neumann, G., Pfützner, A., & Berbalk, A. (2007). *Optimiertes Ausdauertraining* (5., überarb. Aufl.). Aachen: Meyer & Meyer.

Rost, R. (2002). *Lehrbuch der Sportmedizin.* Köln: Deutscher Ärzte-Verlag.

Sammito, S., Thielmann, B., Seibt, R., Klussmann, A., Weippert, M., Böckelmann, I. (2014). *S2k-Leitlinie: Nutzung der Herzschlagfrequenz und der Herzfrequenzvariabilität in der Arbeitsmedizin und Arbeitswissenschaft.* Deutsche Gesellschaft für Arbeitsmedizin und Umweltmedizin. Zugriff am 25.11.2018. Verfügbar unter: https://www.awmf.org/uploads/tx_szleitlinien/002-0421_S2k_Herzschlagfrequenz_Herzfrequenzvariabilit%C3%A4t_2014-07.pdf

Steinacker, J. M., Liu, Y., & Reißner, S. (2002). Abbruchkriterien bei der Ergometrie. *Deutsche Zeitschrift für Sportmedizin, 54* (7-8), 228-229.

Töpper, A. (2011). Walking und Nordic-Walking. In L. Vogt, & A. Töpper (Hrsg.), *Sport in der Prävention* (S. 120-126). Köln: Deutscher Ärzte-Verlag.

Trunz, E. (2004). *IPN-Test - Ausdauertest für den Fitness- und Gesundheitssport.* Köln: Institut für Prävention und Nachsorge.

Wick, C., Gabriel, H., & Donath, L. (2011). Gesundheitstraining Herz-Kreislauf-System. In L. Vogt, & A. Töpper (Hrsg.), *Sport in der Prävention* (S. 105-128). Köln: Deutscher Ärzte-Verlag.

Willis, L. H., Slentz, C. A., Bateman, L. A., Shields, A. T., Piner, L. W., Bales et al. (2012). Effects of aerobic and/or resistance training on body mass and fat mass in overweight or obese adults. *Journal of applied Physiology*, S. 1831-1837.

Wirth, A. (2004). Lebensstiländerung zur Prävention und Therapie von arteriosklerotischen Krankheiten. *Deutsches Ärzteblatt* (24), 1745-1752.

Zintl, F., & Eisenhut, A. (2009). *Ausdauertraining.* München: BLV Buchverlag GmbH & Co. KG.

6   Tabellenverzeichnis

In dieser Arbeit wird ein auf aktuellen wissenschaftlichen Methoden und Erkenntnissen basierender Ausdauertrainingsplan zur Gewichtsreduktion, Blutdrucksenkung und Absenkung der Ruheherzfrequenz erarbeitet. Dafür werden Gesundheit und Leistung des Klienten ausgewertet und eine Zielsetzung formuliert. Im Anschluss wird die Grob- und Feinplanung eines Mesozyklus vorgenommen.

www.grin.com

Dokument Nr. V1162283
https://www.grin.com
ISBN 9783346570802

9 783346 570802

Anonym

Planung eines Beweglichkeitstrainings und Koordinationstrainings

Einsendeaufgabe

GRIN